„Wahre Liebe siegt", Textbearbeitung von Lara Bergen, basiert auf dem Film Dornröschen. Copyright © 1959 Disney Enterprises, Inc.

„Die Prinzessin, die nicht heiraten wollte", Textbearbeitung von Annie Auerbach, basiert auf dem Film Aladdin. Copyright © 1992 Disney Enterprises, Inc.

„Ein Siegerherz", „Rettung aus der Not" und „Ein Freund für Philippe", Textbearbeitung von Lara Bergen. Copyright © 2007 Disney Enterprises, Inc.

Copyright © 2015 Disney Enterprises, Inc.

Alle Rechte vorbehalten. Die vollständige oder auszugsweise Speicherung, Vervielfältigung oder Übertragung dieses Werkes, ob elektronisch, mechanisch, durch Fotokopie oder Aufzeichnung, ist ohne vorherige Genehmigung des Rechteinhabers urheberrechtlich untersagt.

Die deutsche Ausgabe erscheint bei
Parragon Books Ltd
Chartist House
15-17 Trim Street
Bath BA1 1HA, UK
www.parragon.com

Produktion der deutschen Ausgabe: trans texas publishing, Köln
Übersetzung und Satz: Anke Wellner-Kempf, Jetzendorf

ISBN: 978-1-4723-9950-2
Printed in China

# Die schönsten Pferdegeschichten

Bath • New York • Cologne • Melbourne • Delhi
Hong Kong • Shenzhen • Singapore • Amsterdam

# INHALT

**Cinderella**
Ein Siegerherz ........................................................... 8

**Schneewittchen**
Rettung aus der Not ................................................. 44

**Die Schöne und das Biest**
Ein Freund für Philippe ........................................... 80

**Dornröschen**
Wahre Liebe siegt .................................................. 120

**Aladdin**
Die Prinzessin, die nicht heiraten wollte ............. 138

# Ein Siegerherz

PRINZESSINNEN-PFERDE-GESCHICHTEN

Mit dem Leben im Palast wurde für Cinderella ein Traum wahr. Nun sorgte sie dafür, dass sie ihr Glück mit allen teilte, die sie liebte. Dazu gehörte auch ihr liebes altes Pferd, Frou, das ihr seit ihrer Kindheit als treuer Freund zur Seite gestanden hatte.

Eines Tages besuchte Cinderella Frou im Königlichen Pferdestall, als ihre Mäusefreunde Karli und Jacques angelaufen kamen. Sie erzählten ihr, dass ein Bote zum Palast gekommen war. Schnell verabschiedete Cinderella sich von den Pferden und eilte davon, um die Neuigkeiten zu erfahren.

# Ein Siegerherz

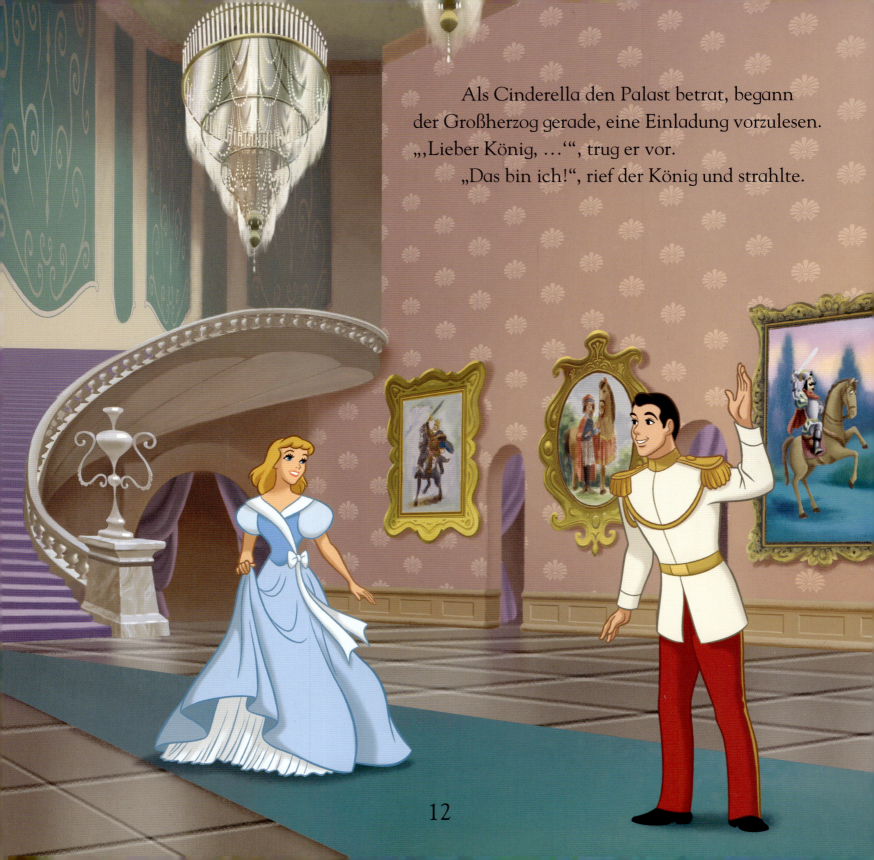

Als Cinderella den Palast betrat, begann der Großherzog gerade, eine Einladung vorzulesen. „'Lieber König, ...'", trug er vor.
„Das bin ich!", rief der König und strahlte.

# Ein Siegerherz

„Ganz richtig", stimmte der Herzog zu. „Ähm, ‚Sie und Ihre Familie'", las er weiter, „‚sind hiermit zur diesjährigen Königlichen Internationalen Pferdeschau eingeladen, die genau heute in einer Woche stattfindet. Bitte wählen Sie ein Mitglied Ihrer Königlichen Familie, das für Sie am Turnier teilnimmt.'"

# PRINZESSINNEN-PFERDE-GESCHICHTEN

„Juhu!", jubelte der König. „Ich liebe Pferdeschauen. Blaue Schleife, ich komme!"

„Äh ... Euer Majestät", sagte der Großherzog, „jedes Jahr nahmen Sie am Turnier teil ... und jedes Jahr kamen Sie als Letzter ins Ziel. Vielleicht sollte, nur dieses eine Mal, ein anderer ..."

„Ruhe!", rief der König. „Ich habe eine Idee. Jedes Jahr nehme ich am Turnier teil. Vielleicht sollte, nur dieses eine Mal, ein anderer unser Königreich vertreten."

„Brillant, Euer Majestät", stimmte der Herzog zu. „Auf diese großartige Idee wäre ich nie gekommen."

# Ein Siegerherz

„Ihr wisst, Vater", erhob der Prinz das Wort, „dass es im ganzen Königreich niemanden gibt, der besser reitet als Cinderella. Ich finde, sie sollte uns im Turnier vertreten."

„Cinderella?", fragte der König überrascht. Nachdenklich rieb er sich das Kinn. Dann lächelte er. „Das ist eine ausgezeichnete Idee!", erklärte er.

Cinderella wusste kaum, wie ihr geschah, da führte der König sie schon in die Königlichen Stallungen.

„Es versteht sich von selbst", sagte er zu Cinderella, und seine Stimme hallte in den Ställen wider, „dass die beste Reiterin des Königreichs auch das beste Pferd des Königreichs reiten muss. Mein Stall ist voll von erstklassigen Pferden, meine Liebe. Wir werden das beste der besten wählen, und du kannst sogleich mit dem Training beginnen. Ich sehe die blaue Schleife schon vor mir!"

# Ein Siegerherz

Der König befahl den Stallburschen, seine edelsten Pferde zu satteln – alle einhundertzwanzig – und sie in den Hof hinauszuführen, sodass Cinderella sie sich ansehen konnte. Nur wenige Minuten später standen die Königlichen Rösser in Reih und Glied.

„Komm, Cinderella", sagte der König und zeigte auf das erste Pferd. „Steig auf. Trau dich nur. Ob ein Schuh passt, weiß man auch erst, wenn man ihn anprobiert!"

Cinderella bestieg das erste Pferd. Sie wusste, dass es einer der persönlichen Lieblingshengste des Königs war. Doch er war ein wenig zu klein.

„Schade", sagte der König und schüttelte den Kopf. „Das nächste!"

Das nächste Pferd war wiederum zu groß …

Das dritte war auch nicht das richtige …

# EIN SIEGERHERZ

Und auch das nächste nicht …

… oder das übernächste!

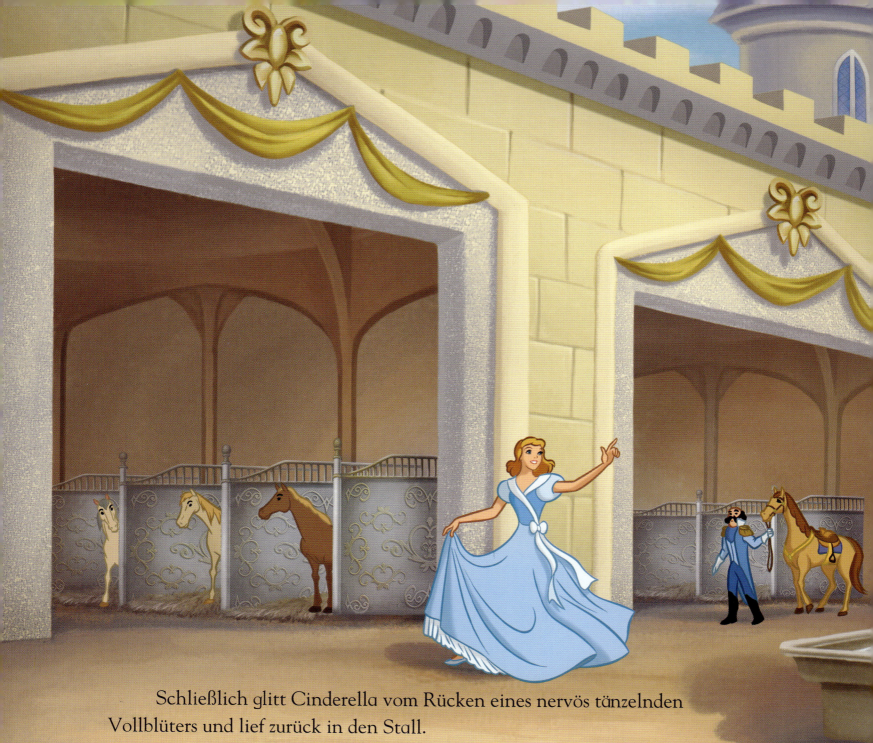

Schließlich glitt Cinderella vom Rücken eines nervös tänzelnden Vollblüters und lief zurück in den Stall.

„Ich bin gleich wieder da!", rief sie dem König, dem Prinzen und dem Herzog zu. „Ich weiß jetzt, welches Pferd das richtige ist! Ihr werdet sehen!"

## Die schönsten Prinzessinnen-Geschichten

Kurz darauf kam Cinderella zurück – mit Frou am Zügel! Das alte Pferd war ein wenig verunsichert darüber, dem König vorgeführt zu werden.

Der König starrte Cinderella und Frou ungläubig an.

„Was ist das?", fragte er.

„Na, ‚das' ist ein Pferd!", erwiderte Cinderella lachend. Sie streichelte Frous struppige Mähne. „Genauer gesagt, das beste Pferd im Königreich!"

# Ein Siegerherz

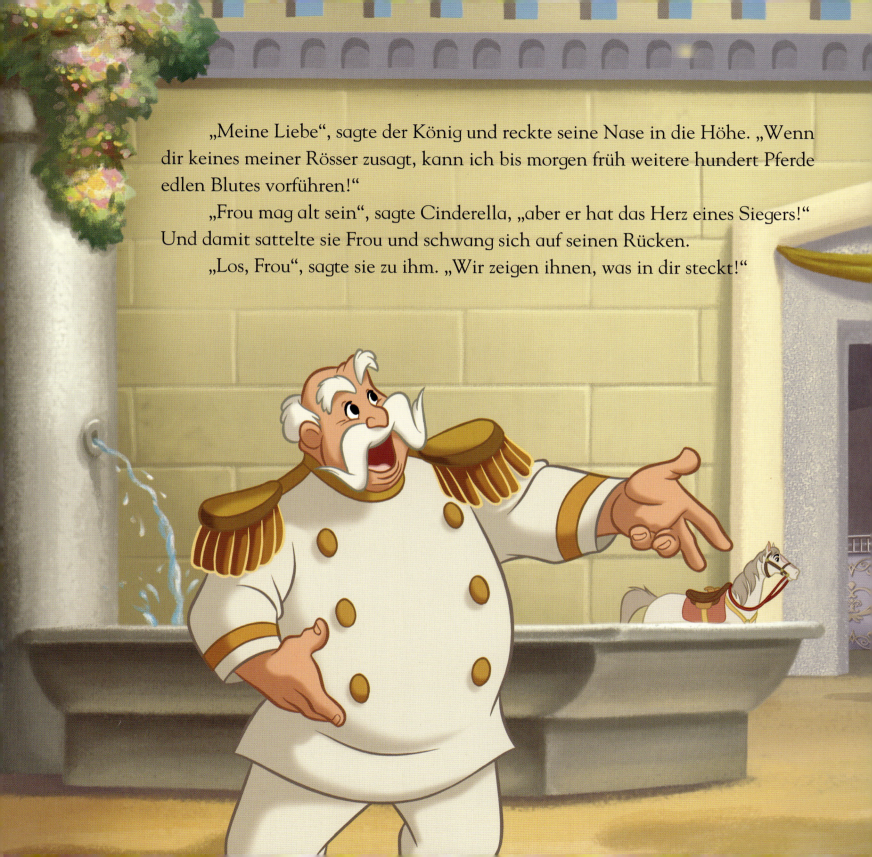

„Meine Liebe", sagte der König und reckte seine Nase in die Höhe. „Wenn dir keines meiner Rösser zusagt, kann ich bis morgen früh weitere hundert Pferde edlen Blutes vorführen!"

„Frou mag alt sein", sagte Cinderella, „aber er hat das Herz eines Siegers!" Und damit sattelte sie Frou und schwang sich auf seinen Rücken.

„Los, Frou", sagte sie zu ihm. „Wir zeigen ihnen, was in dir steckt!"

# Ein Siegerherz

Aber als Erstes stolperte Frou über einen Wassertrog. Cinderella flog in hohem Bogen über Frous Kopf und landete mit einem Platsch im Trog! Die anderen Pferde wieherten vor Lachen. Frou ließ den Kopf hängen.

„Keine Sorge", sagte Cinderella zum König und zu Frou. „Nächste Woche sind wir so weit."

# Prinzessinnen-Pferde-Geschichten

Eine Woche lang trainierte Cinderella täglich mehrere Stunden mit Frou. Aber er machte immer wieder etwas falsch.

# Ein Siegerherz

Auch wenn Cinderella ihn liebevoll anfeuerte, schaffte er keinen Sprung ohne Fehler.

Und obwohl sie ihn fest am Zügel hielt, ging er jedes Mal in die falsche Richtung.

„O Frou", sagte Cinderella und tätschelte seinen struppigen Kopf, „ich weiß, dass du es kannst!"

Aber Frou selbst war nicht besonders überzeugt davon.

## DIE SCHÖNSTEN PRINZESSINNEN-GESCHICHTEN

Schließlich kam der Abend vor dem Turnier.

„Mach dir keine Sorgen", sagte Cinderella zu Frou. „Du wirst wundervoll sein. Das wird ein Spaß morgen!" Aber Frou schien ihr nicht so recht zu glauben.

„Hat da jemand ‚Spaß' gesagt?", fragte eine Stimme. Cinderella wandte sich um. Es war ihre gute Fee!

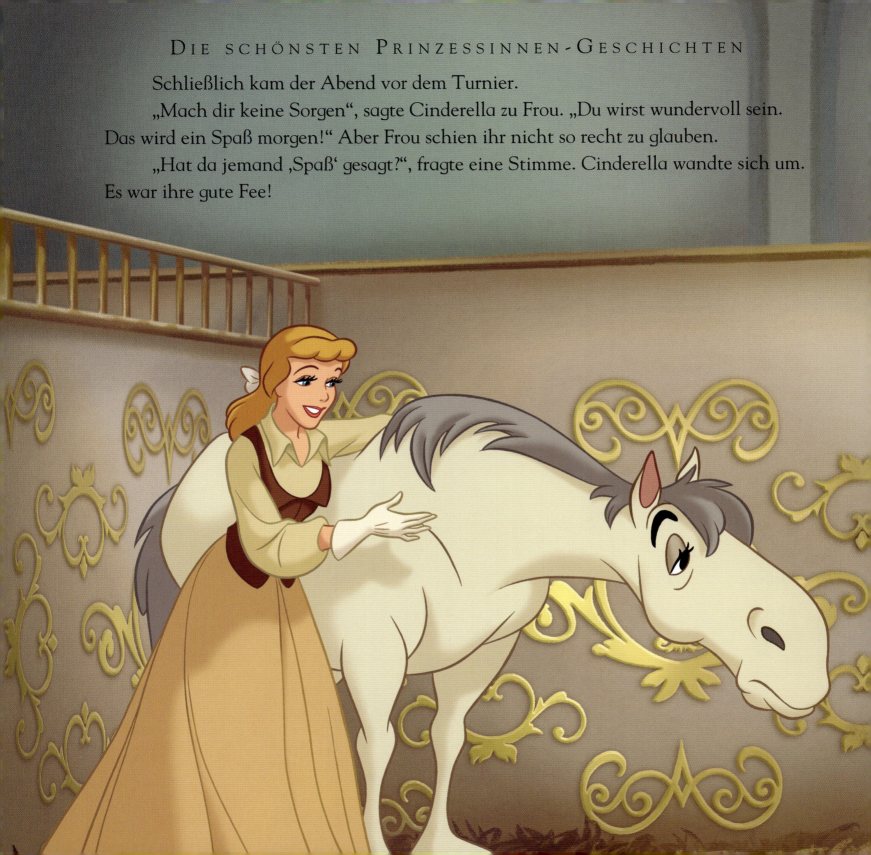

# Ein Siegerherz

„Ich habe zufällig ein Gespräch deiner Mäusefreunde mit angehört", erklärte die Fee. „Sie sagten, du bräuchtest ein Wunder. Also, hier bin ich!"

Cinderella schüttelte lachend den Kopf. „O, das ist nett von dir!", sagte sie. „Aber wir brauchen kein Wunder. Nur einen guten, erholsamen Schlaf!"

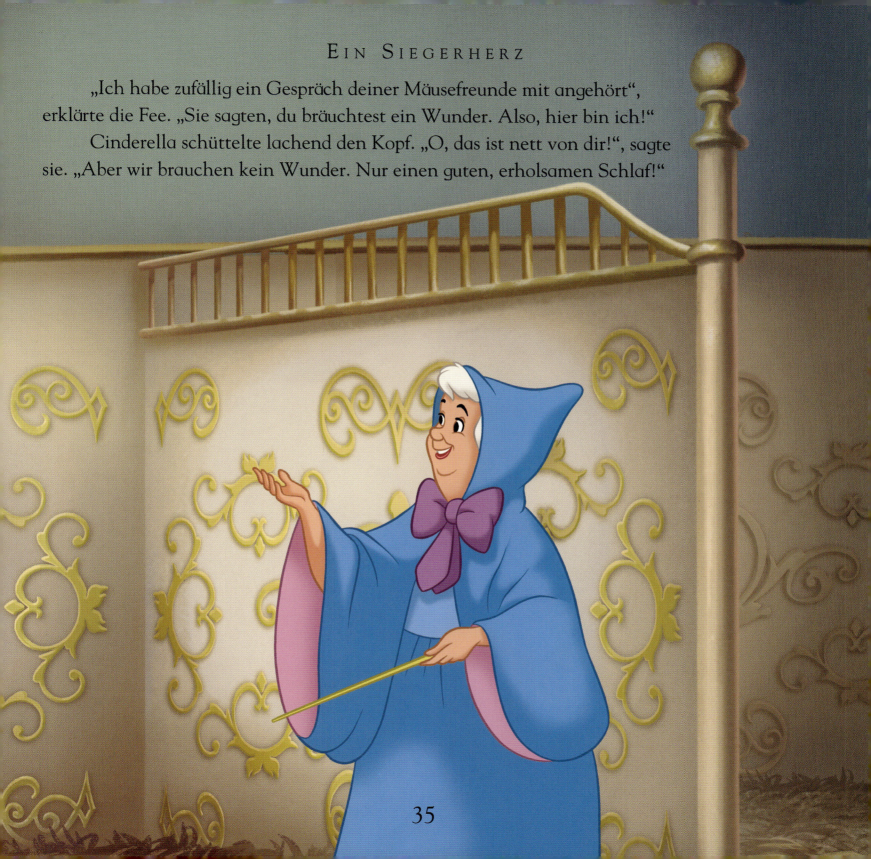

"Meine Liebe", flüsterte die gute Fee, "du weißt, dass Frou gewinnen kann, und ich weiß, dass Frou gewinnen kann, aber unser Freund Frou weiß das nicht! Er braucht etwas, das ihm Selbstvertrauen gibt."

Bei diesen Worten hob sie ihren Zauberstab und richtete ihn auf Frou. Verwundert sah dieser, wie an seinen Hufen gläserne Hufeisen erschienen!

„Mit diesen Hufen wirst du keinen einzigen falschen Schritt mehr tun", erklärte die gute Fee Frou. Dann blickte sie Cinderella an. „Und wenn ich schon dabei bin …", fügte sie hinzu und rief: „Bibbidi-Babbidi-Buu!" Mit einem erneuten Schwung ihres Zauberstabes erschien ein goldener Sattel auf Frous Rücken, und Cinderella trug plötzlich ein zauberhaftes Reitkleid.

„Wie können wir dir nur danken?", fragte Cinderella.

„Wie du schon gesagt hast", erwiderte die Fee, „habt einfach Spaß!"

# Prinzessinnen-Pferde-Geschichten

Bei der Pferdeschau am nächsten Tag sah Cinderella mehr edle Rösser, als sie in ihrem ganzen Leben zuvor erblickt hatte. Sie sahen alle wie geborene Sieger aus – aber Frou ebenfalls! Er hielt seinen Kopf stolz in die Höhe und tänzelte mit seinen Hufen. Selbst der König konnte kaum glauben, dass Frou dasselbe Pferd war, das er in der vergangenen Woche stolpern und stürzen gesehen hatte.

# Ein Siegerherz

Frou nahm jeden Sprung mit Leichtigkeit, machte keinen falschen Tritt und nahm keine falsche Kurve. Er brachte zum Schluss sogar eine grazile Verbeugung zustande. Und all dies dank der gläsernen Hufeisen – so dachte er zumindest.

Doch Cinderella wusste es besser. Die gläsernen Hufeisen gaben Frou einfach das nötige Vertrauen, um das großartige Pferd zu sein, das er eigentlich schon immer war!

Am Ende bestand kein Zweifel daran, wem der Siegerkranz gebührte. „Der erste Platz geht an Cinderella und Frou!", erklärte die Jury.

Der Prinz nahm Cinderellas Hand und küsste sie sanft. „Ich wusste, dass du gewinnen würdest", sagte er zu ihr.

Cinderella lächelte Frou an. „Und ich wusste, dass du gewinnen würdest", sagte sie zu ihm.

„Wissen Sie", sagte der König an den Großherzog gewandt, „ich hatte bei diesem Pferd die ganze Zeit ein gutes Gefühl …"

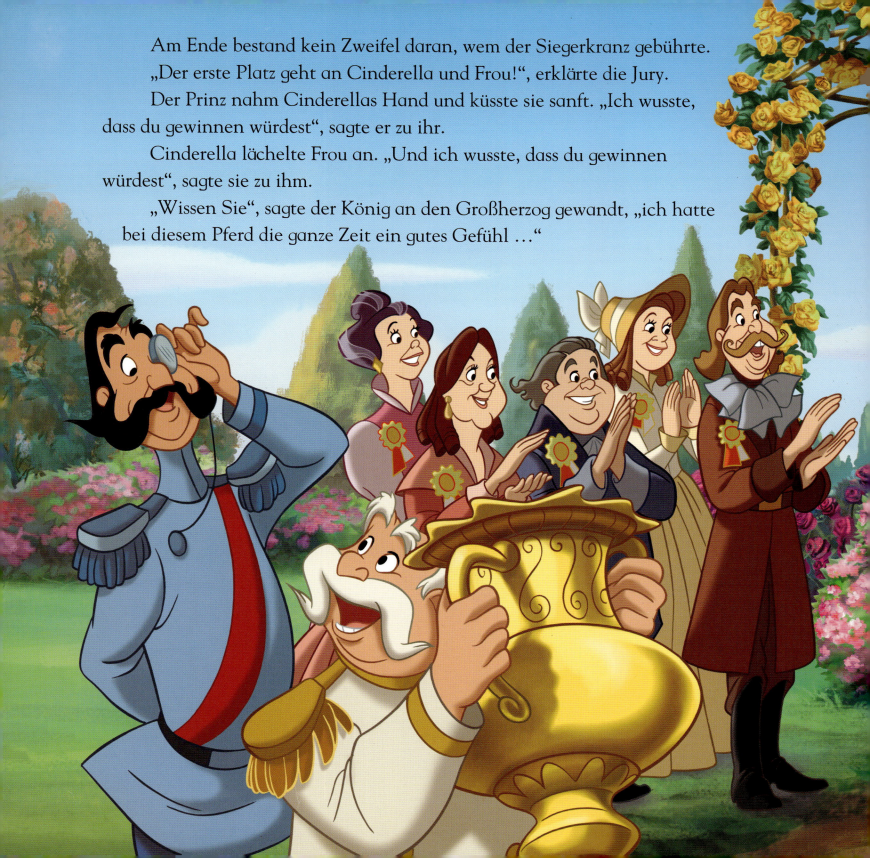

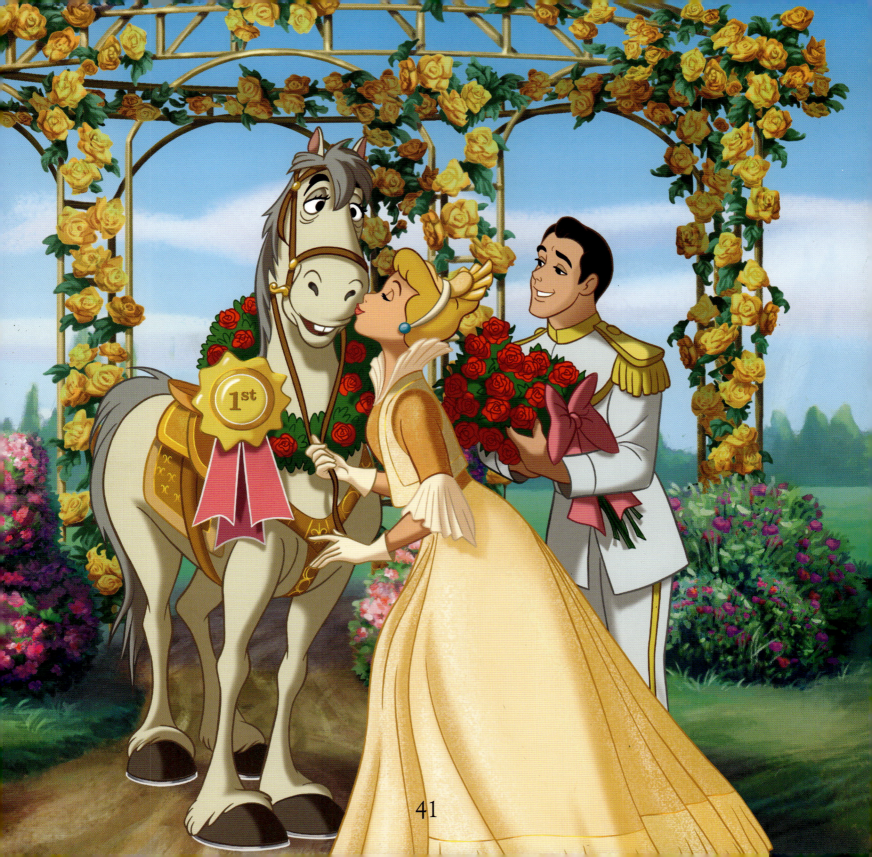

# PRINZESSINNEN-PFERDE-GESCHICHTEN

Nach der Pferdeschau kehrte Frou in seine Box in den Königlichen Stallungen zurück. Er trug seinen Kopf nun etwas höher und den Rücken etwas gerader als zuvor. Und seine gläsernen Hufeisen waren bereit für den nächsten Einsatz.

# Ein Siegerherz

# Schneewittchen und die Sieben Zwerge

## Rettung in der Not

Schneewittchen und ihr Prinz verbrachten fast jede freie Minute miteiander. An einem sonnigen Morgen sagte der Prinz Schneewittchen, dass er etwas Wichtiges erledigen müsse. „Ich fürchte, ich werde mehrere Stunden fort sein", meinte er.

„Du wirst mir fehlen", antwortete Schneewittchen. Sie selbst wollte den Tag im Palastgarten verbringen.

# Prinzessinnen-Pferde-Geschichten

Schneewittchen zog sich ein anderes Kleid an und begann mit der Gartenarbeit. Der Prinz sattelte sein treues Pferd Astor und ritt in den Garten, um Schneewittchen Lebewohl zu sagen.

„Gib gut acht auf meinen Prinzen", sagte Schneewittchen und steckte Astor eine Blume ans Zaumzeug.

Auch dem Prinzen gab sie eine Blume. „Und gib gut acht auf Astor!", sagte sie, denn Schneewittchen liebte auch das treue Pferd. Lächelnd winkte sie den beiden nach, als sie die Straße hinabtrotteten.

# PRINZESSINNEN-PFERDE-GESCHICHTEN

Die Zeit verging wie im Flug. Schneewittchen blickte von der Rose auf, die sie gerade beschnitt, als sie eine Staubwolke auf der Straße sah. Ein Pferd näherte sich im wilden Galopp.

„Wunderbar!", rief sie aus und klatschte in die Hände. „Der Prinz und Astor kehren schon wieder heim!"

Sie klopfte sich den Schmutz aus den Kleidern und eilte zum Gartentor, um die beiden zu begrüßen.

# Rettung aus der Not

Zu ihrer Überraschung sah Schneewittchen, dass Astor allein war!
Die Prinzessin blickte von Astors leerem Sattel auf die Straße hinüber.
„Wo ist der Prinz?", fragte sie.
Doch nur Astor wusste die Antwort, aber er konnte ja nicht sprechen.

# Prinzessinnen-Pferde-Geschichten

Schneewittchen versuchte, ruhig zu bleiben. Doch ihr zartes Herz füllte sich bald mit schrecklicher Angst.

„Bestimmt ist der Prinz in Schwierigkeiten", dachte sie. Warum sollte Astor sonst ohne ihn zum Palast zurückkehren?

„Ich muss ihn finden!", rief sie mutig. Und ohne einen weiteren Augenblick zu verlieren, griff sie nach ihrem Mantel und machte sich auf den Weg.

# Rettung aus der Not

Plötzlich spürte Schneewittchen einen warmen Atem in ihrem Nacken. Sie wandte sich um – Astor war hinter ihr. „Was ist?", fragte sie.

Das Pferd stampfte mit einem Huf auf und deutete mit seinem Kopf auf den leeren Sattel.

„Ich soll aufsteigen?", fragte Schneewittchen. Astor nickte.

„Mein Gott!", dachte Schneewittchen. Hoffentlich zeigt Astor mir, wo der Prinz ist! Schnell schwang sich die Prinzessin aufs Pferd. Kaum saß sie fest im Sattel, da galoppierte Astor auch schon den Weg hinunter und in den Wald hinein!

Tiefer und tiefer lief Astor in den Wald. Schneewittchen klammerte sich hilflos an Astors Hals. Sie versuchte nicht darüber nachzudenken, was alles auf dem dunklen Weg, der vor ihnen lag, passieren könnte.

Wenn sie nur wüsste, wohin Astor sie brachte. Und wenn sie nur wüsste, dass der Prinz nicht in Gefahr war!

# Prinzessinnen-Pferde-Geschichten

Ohne eine Pause galoppierte Astor immer weiter in den Wald hinein. Er sprang zwischen Bäumen hindurch und über Hecken und Büsche. Dann entdeckte Schneewittchen einen roten Stofffetzen an einem langen, spitzen Zweig.

Sie spürte einen Kloß im Hals. War es möglich? Ja, tatsächlich! Es war ein Stück Stoff vom Reitmantel des Prinzen!

Und das war noch nicht alles! Als sie sich unter einem niedrigen Ast duckte, entdeckte Schneewittchen einen roten Fleck auf dem aufgeweichten Waldboden: ein tiefrotes Blütenblatt. Ohne Zweifel stammte es von der Rose, die Schneewittchen dem Prinzen am Morgen geschenkt hatte!

Sie zog an Astors Zügel und hielt das Pferd an. Doch Astor lief weiter, und Schneewittchen blieb nichts anderes übrig, als sich zu fügen.

# Prinzessinnen-Pferde-Geschichten

Schließlich kamen sie an den Fluss. „Sicher wird Astor nun stehen bleiben", dachte Schneewittchen. Doch er beschleunigte seinen Schritt sogar noch. Da wurde Schneewittchen klar, dass Astor über den Fluss springen wollte!

In diesem Moment erblickte Schneewittchen den gefederten Hut des Prinzen, der an einem Zweig hoch über dem Wasser baumelte.

# Rettung aus der Not

Schneewittchen konnte keinen klaren Gedanken mehr fassen. Als Astor zum Sprung über den Fluss ansetzte, streckte sie sich, so hoch sie konnte … und ergriff den Hut.

Schneewittchen griff Astors Zügel mit einer Hand. Mit der anderen drückte sie den Hut des Prinzen an ihre Brust. Sie konnte sich die schreckliche Gefahr, in der ihr Prinz schwebte, lebhaft vorstellen.
Kurz darauf schreckte ein Geräusch Schneewittchen auf. Vier Augen starrten sie aus dem schattigen Gebüsch an.
„O!", rief sie. Astor bäumte sich auf, um sie zu verteidigen.

## Rettung aus der Not

„Dallo, hu … ich meine, hallo, du!", hörte sie eine vertraute Stimme.

„Chef?", fragte Schneewittchen mit einem Seufzer der Erleichterung. „Ich bin sooo froh, dich zu sehen!"

„Ganz meinerseits, meine Liebe, aber was ist denn los?", fragte Chef, überrascht darüber, die Prinzessin so aufgelöst zu sehen.

„Es ist wegen dem Prinzen", erklärte Schneewittchen und zeigte Chef den zerdrückten Hut. „Ich muss ihn finden!"

„Keine Sorge, Prinzessin", tröstete Chef sie. „Wir helfen dir!"

# Prinzessinnen-Pferde-Geschichten

Chef legte die Finger an die Lippen und pfiff. Sekunden später kamen auch die anderen Zwerge angeritten.

„Der Prinz ist weg", erklärte Chef den Zwergen. „Und wir helfen Schneewittchen, ihn zu finden!"

„Lasst … lasst … lasst – haatschi! – lasst uns anfangen!", rief Hatschi.

„Ich bin euch so dankbar!", sagte Schneewittchen. Astor stampfte ungeduldig mit den Hufen. „Folgt einfach Astor", fügte sie hinzu. „Ich glaube, er weiß den Weg."

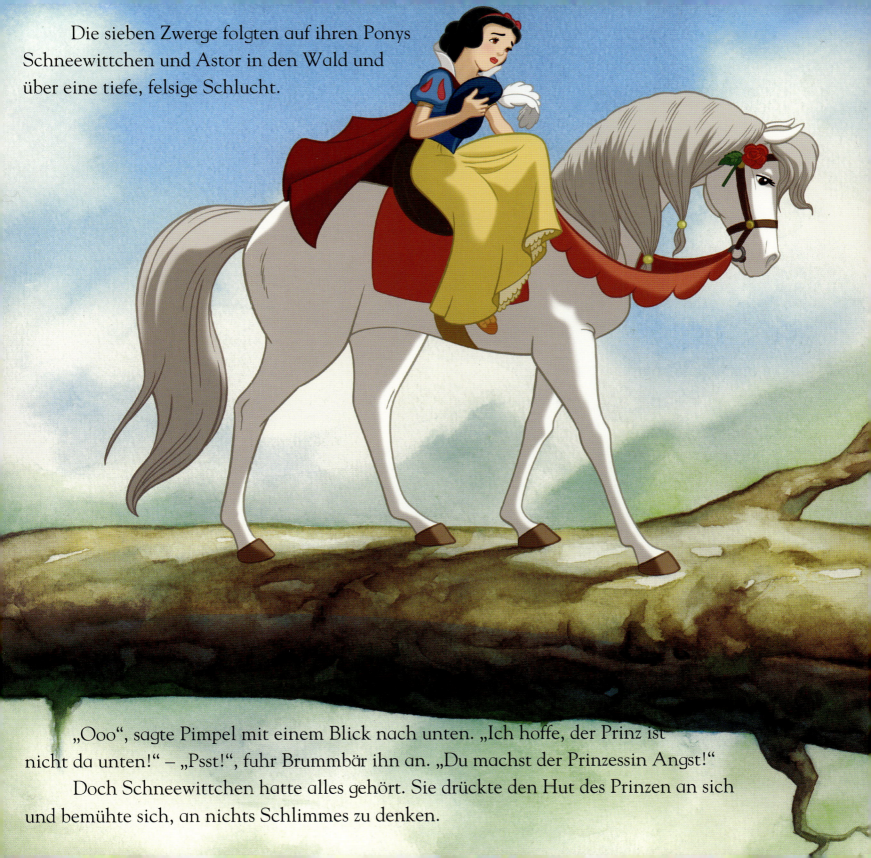

Die sieben Zwerge folgten auf ihren Ponys Schneewittchen und Astor in den Wald und über eine tiefe, felsige Schlucht.

„Ooo", sagte Pimpel mit einem Blick nach unten. „Ich hoffe, der Prinz ist nicht da unten!" – „Psst!", fuhr Brummbär ihn an. „Du machst der Prinzessin Angst!"
Doch Schneewittchen hatte alles gehört. Sie drückte den Hut des Prinzen an sich und bemühte sich, an nichts Schlimmes zu denken.

Als sie schließlich an eine sonnige Lichtung kamen, blieb Astor stehen. Schneewittchen blinzelte in dem hellen Licht. Dann entdeckte sie den Prinzen, der auf dem Boden lag. „O nein!", rief sie aus.

Astor ging in die Knie, sodass die Prinzessin von seinem Rücken gleiten konnte. Das treue Pferd wieherte, als Schneewittchen zum Prinzen hinüberlief.

# Rettung aus der Not

„Keine Sorge!", rief Schneewittchen dem Prinzen zu, während sie über die Lichtung lief. „Ich helfe dir!"

Außer Atem erreichte Schneewittchen den Prinzen. Er setzte sich auf und streckte sich. „Was für ein angenehmes Nickerchen!", gähnte er. „Und welch schöne Art, geweckt zu werden. Ich hoffe, du bist hungrig!"

Schneewittchen war verwirrt. Vor dem Prinzen war ein köstliches Picknick angerichtet. Und der Prinz war so gesund und glücklich wie immer!

„Ich wusste doch, dass Astor dich schnell hierherbringen würde", strahlte er. „Sag, habe ich dich überrascht?"

Schneewittchen hielt einen Moment inne, um tief Luft zu holen.

„O ja, sehr", erwiderte sie schließlich und lächelte ihn an.

# Rettung aus der Not

Der Prinz schaute belustigt zu, wie sich die sieben Zwerge über das herrliche Picknick hermachten.

„Nun", sagte er lachend. „Ich bin froh, dass ich etwas mehr eingepackt habe."

„Ich auch", stimmte Schneewittchen ihm zu. Sie gab Astor einen Apfel. „Und", ergänzte sie, „ich bin froh, dass du so ein liebes und kluges Pferd hast!"

# Die Schöne und das Biest

## Ein Freund für Philippe

An einem schönen, sonnigen Morgen ging Belle zu Philippe in den Stall und brachte ihm eine Überraschung.

„Rate, was ich habe!", rief sie fröhlich, als sie den Stall betrat. „Die ersten Karotten dieses Frühjahrs, Philippe! Ich habe sie extra für dich geerntet!"

# Ein Freund für Philippe

Doch Philippe freute sich gar nicht so sehr. Er schnüffelte lustlos an dem Bund Karotten, und als Belle ihm eine anbot, stupste er ihre Hand sanft beiseite. „Stimmt etwas nicht?", fragte Belle besorgt. Philippe hatte sonst immer Hunger. Heute ließ er aber den Kopf hängen und seufzte leise. „Etwas bedrückt ihn", dachte Belle. Philippe war das trübsinnigste Pferd, das Belle jemals gesehen hatte!

Belle beschloss, Philippe aufzuheitern. Aber wie?
„Wenn du doch nur sprechen könntest", sagte Belle zu Philippe, „dann könntest du mir genau sagen, was dir fehlt." Aber er konnte es nicht, und so musste Belle es selbst herausfinden. Sie eilte zur Bücherei und lieh sich alle Bücher über Pferde aus, die sie finden konnte. Dann suchte sie sich einen bequemen Platz und las sie alle von vorn bis hinten durch.

# PRINZESSINNEN-PFERDE-GESCHICHTEN

„Sacre bleu!", riefen Lumiere, Von Unruh und Tassilo beim Anblick all der Bücher aus. „Was hast du vor, Belle?"

„Ich möchte Philippe aufmuntern", erklärte Belle. „Ich hoffte, aus den Büchern zu erfahren, wie ich das tun könnte … aber ich habe nicht viel Glück."

„Ah!", sagte Lumiere. „Bevor du gekommen bist und uns von dem Zauber befreit hast, waren wir oft unglücklich."

# Ein Freund für Philippe

„Aber", erinnerte sich der ehemalige Kerzenleuchter, „wir haben immer einen Weg gefunden, uns aufzuheitern. Du musst für mehr Licht in seinem Stall sorgen! Die richtige Atmosphäre ist wichtig, weißt du!"

„Ich glaube, dass Musik glücklich macht", sagte Von Unruh. „Sie brachte mich immer zum Lächeln, als ich in eine Uhr verwandelt war."

„Oder wie wäre es mit einem Schaumbad?", schlug Tassilo vor. „Das hat mir immer gute Laune gemacht!"

89

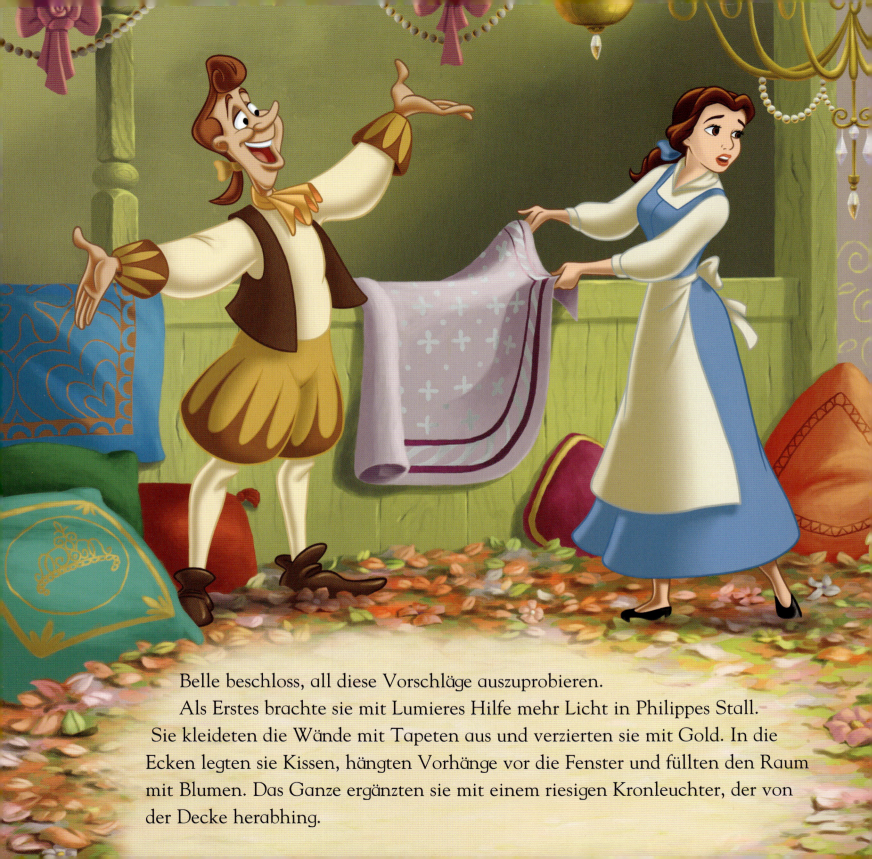

Belle beschloss, all diese Vorschläge auszuprobieren.
Als Erstes brachte sie mit Lumieres Hilfe mehr Licht in Philippes Stall. Sie kleideten die Wände mit Tapeten aus und verzierten sie mit Gold. In die Ecken legten sie Kissen, hängten Vorhänge vor die Fenster und füllten den Raum mit Blumen. Das Ganze ergänzten sie mit einem riesigen Kronleuchter, der von der Decke herabhing.

„Voilà!", rief Lumiere. „Damit müsste ein Pferd doch nun wunschlos glücklich sein!"
Doch Philippe starrte nur traurig aus dem Fenster.
„Ich wünschte, es wäre so", sagte Belle.

Als Nächstes ließ Von Unruh ein Orchester im Stall auftreten. Belle, Lumiere und Tassilo hörten höflich zu, während Von Unruh ein sehr, sehr langes Konzert dirigierte.

Es sah nicht so aus, als würde Philippe das Konzert genießen. „Doch wenigstens", so dachte Belle erfreut, „ist sein Appetit zurückgekehrt!"

# Prinzessinnen-Pferde-Geschichten

Zuletzt ließ Belle ein Bad für Philippe ein, das eines Königs würdig gewesen wäre. „Wenn ihn das nicht aufheitert", sagte Belle zu Tassilo, „dann fällt mir nichts mehr ein!" Doch obwohl Philippe nach dem Bad glänzte und duftete, war er noch genauso verstimmt wie zuvor – und Belle genauso ratlos.

„Vielleicht hat der Prinz noch eine Idee", schlug Tassilo vor.

# Ein Freund für Philippe

Sofort ging Belle zum Prinzen in sein Arbeitszimmer und fragte ihn um Rat. „Ich wünschte, ich wüsste, was Philippe fehlt!", sagte sie, den Tränen nahe. „Hast du noch eine Idee?"

Der Prinz dachte einen Moment nach. „Vielleicht würde ihm ein Spaziergang guttun", sagte er. „Das hat mich immer aufgeheitert." „Natürlich!", stimmte Belle ihm zu. „Das versuchen wir!"

# Ein Freund für Philippe

Rasch zog Belle sich ihre Reitkleidung an und holte Philippes Sattel. Als er sie kommen sah, wurde er munter. „Ich Dummkopf! Warum bin ich nicht früher darauf gekommen?", sagte Belle beim Satteln. „Dir fehlt ein schöner Spaziergang, nicht wahr?"

Belle führte Philippe an den Waldrand, wo die Königlichen Obstwiesen begannen. Beim Anblick all der reifen Früchte kam Belle eine Idee.

„Möchtest du einen Apfel?", fragte Belle. „Geh nur und nimm dir einen!"

Philippe ging von Baum zu Baum, nahm jeden Apfel in Augenschein und schnupperte lustlos daran. Bald ließ er den Kopf wieder hängen, sein Gang wurde schwer und langsam, und er war so trübsinnig wie zuvor.

# Ein Freund für Philippe

Belle gab immer noch nicht auf. Sie kamen an eine große, grüne Wiese.

„Weißt du", sagte Belle, „ich wette, ein schöner Galopp ist die Lösung." Sie beugte sich vor, nahm die Zügel auf und trieb Philippe mit einem festen Druck ihrer Fersen in seine Flanken an.

Als wollte er ihr sagen, „wieder falsch", blieb Philippe stehen, senkte den Kopf und knabberte am Klee.

„Ach, Philippe", sagte Belle verzweifelt. „Jetzt weiß ich nicht mehr weiter!"

Plötzlich stellte Philippe die Ohren auf und reckte aufmerksam seinen Kopf in die Höhe. Belle hatte kaum Zeit, sich festzuhalten, da raste Philippe los wie ein Rennpferd aus seiner Startbox!

„Hu, Wahnsinn!", rief Belle und fiel fast aus dem Sattel. „Philippe! Wo rennst du hin?"

Doch Philippe raste einfach weiter, geradewegs in den Wald hinein.

# Ein Freund für Philippe

Schließlich verließen sie den Wald ... und kamen auf eine Lichtung, auf der zahlreiche wunderschöne Pferde standen! Belle und Phillipe starrten die Herde an. Dann wieherte Philippe, und mehrere Pferde antworteten ihm.

Endlich verstand Belle, was Philippe gefehlt hatte. Es war weder ein schicker Stall noch raffinierte Musik noch ein Schaumbad. Auch kein Apfel oder ein Ausritt. Philippe hatte sich gewünscht, mit anderen Pferden zusammen zu sein!

# Prinzessinnen-Pferde-Geschichten

„Na los!", sagte Belle, als sie sich aus dem Sattel schwang. „Viel Spaß!"
Das brauchte sie ihm nicht zweimal zu sagen. Glücklich trottete Philippe zu den Pferden hinüber. Den ganzen Nachmittag beobachtete Belle ihn beim Spielen. Bald hatte er einen Freund gefunden! Die beiden Pferde grasten, jagten einander über die Lichtung und dösten gemeinsam in der warmen Sonne.

Allzu schnell war der Tag vergangen, und die Sonne versank am Horizont.
„Du meine Güte!", rief Belle. „Wir müssen uns auf den Heimweg machen!"
Sie sattelte Philippe, und die beiden brachen zum Schloss auf.
„Wir kehren bald hierher zurück, versprochen!", sagte sie zu Philippe.

# Prinzessinnen-Pferde-Geschichten

# Ein Freund für Philippe

Während sie über die Wiesen und durch die Wälder zurückritten, wünschte Belle, dass Philippe auch im Schloss einen Freund hätte. „Wenn es doch nur eine Möglichkeit gäbe", dachte Belle.

Sie unterbrach sich, als sie einen Hufschlag hörte. Belle wandte sich um.

„Sieh dir das an, Philippe!", rief sie aus. „Da kommt dein neuer Freund!"

Das Pferd, mit dem Philippe gespielt hatte, war ihnen gefolgt!

Belle und Philippe verlangsamten ihren Schritt. Das scheue Pferd kam näher …

… und näher.

# Ein Freund für Philippe

Und als sie zum Schloss kamen, trabten die beiden Pferde Seite an Seite.

# PRINZESSINNEN-PFERDE-GESCHICHTEN

„Willkommen in unserem Schloss!", sagte Belle zu dem neuen Pferd, als sie zu Hause ankamen. „Es ist uns eine Ehre, dich als Gast bei uns zu empfangen!"

Und um dem Pferd zu zeigen, dass sie tatsächlich auch meinte, was sie sagte, beeilte Belle sich, ihm eine Box neben Philippe herzurichten.

„Bitte sehr", sagte sie, als sie fertig war. „Nun sieht es hier aus wie in einem Stall, in dem ein Pferd – Pardon zwei – glücklich sein können!"

Und genau so war es auch.

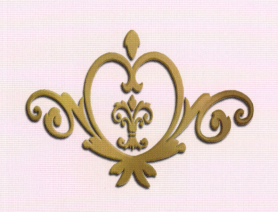

# Dornröschen

## Wahre Liebe siegt

# Prinzessinnen-Pferde-Geschichten

Es war einmal ein fernes Land, dort lebten ein König und eine Königin. Sie sehnten sich nach einem Kind. Nach langen Jahren des Wartens wurde ihnen eine Tochter geboren. Sie nannten sie Aurora, nach der Morgenröte, denn sie erfüllte ihr Leben mit Sonnenschein.

Zur Feier ihrer Geburt riefen der König und die Königin einen Festtag aus. Aus nah und fern reisten geladene Gäste an, um die kleine Prinzessin zu besuchen, darunter auch die drei guten Feen Flora, Fauna und Sonnenschein. Jede Fee brachte der Prinzessin ein zauberhaftes Geschenk dar. Flora segnete sie mit Schönheit, Fauna schenkte ihr die Gabe des Gesangs. Doch bevor Sonnenschein an der Reihe war, blies ein kalter Hauch durch den großen Saal.

# WAHRE LIEBE SIEGT

Es blitzte, dann erschien eine große, dunkle Gestalt. Es war die böse Fee Malefiz. Erzürnt darüber, dass sie nicht zur Feier eingeladen worden war, rief sie mit einem bösen Grinsen: „Auch ich habe ein Geschenk für das Kind! Noch bevor die Sonne an ihrem sechzehnten Geburtstag untergeht, soll die Prinzessin sich an der Spindel eines Spinnrads stechen und sterben!"

Kaum hatte sie diese Worte gesprochen, verschwand sie in einer Wolke aus Feuer und Rauch.

Entsetzen ergriff den König und die Königin. Flora versuchte, sie zu beruhigen. „Verzweifelt nicht", sagte sie. „Sonnenschein hat noch ein Geschenk zu übergeben."

Deren Zauberkräfte waren zwar nicht stark genug, den Fluch rückgängig zu machen, sie konnte aber helfen.

# Prinzessinnen-Pferde-Geschichten

Sonnenschein schwang ihren Zauberstab und verkündete: „Süßes Prinzesschen, ich schenke dir ein Hoffnungslicht. Einst, wenn dich die Spindel sticht, soll der Fluch dich nicht verderben. Sollst nicht an dem Stiche sterben, nur in tiefen Schlaf versinken. Und ein Kuss, in Lieb' gegeben, wecke dich zu neuem Leben."

Die Feen beschlossen zudem, sich als Bäuerinnen auszugeben und die Prinzessin an einem abgelegenen Ort bis zu ihrem sechzehnten Geburtstag aufzuziehen. Wenn Malefiz Aurora nicht fand, konnte sie ihr auch kein Leid zufügen!

# Wahre Liebe siegt

Traurig willigten der König und die Königin in diesen Plan ein. Sie wussten, dass es die einzige Möglichkeit war, ihre Tochter vor Malefiz zu schützen. Schweren Herzens sahen sie zu, wie die Feen sich in Menschen verwandelten und mit der Prinzessin in die Nacht verschwanden.

# Wahre Liebe siegt

Am Morgen erreichten die Feen mit der Prinzessin eine alte Hütte tief im Wald. Die Feen legten ihre Zauberkräfte ab und gaben vor, Auroras Tanten zu sein. Sie nannten sie Röschen, sodass niemand mehr Auroras Aufenthaltsort herausfinden konnte. Dies bot ihr Sicherheit vor Malefiz.

Die Jahre vergingen wie im Flug, und schon nahte Röschens sechzehnter Geburtstag. Zur Feier dieses Tages planten die Feen eine Überraschung: Sie würden für das Mädchen ein wunderschönes Kleid nähen und einen köstlichen Kuchen backen! Doch zuvor mussten sie Röschen dazu bringen, die Hütte zu verlassen. Also schickten die Feen sie zum Beerenpflücken in den Wald.

Röschen liebte es, durch den Wald zu streifen. Auf ihrem Spaziergang sang sie den Waldtieren vor, die ihre Freunde geworden waren, und träumte von einem großen, schönen Prinzen.

Sie konnte nicht ahnen, dass genau an diesem Morgen tatsächlich ein junger Prinz durch den Wald ritt.

„Hörst du das?", fragte der Prinz sein Pferd Samson. Der Wind hatte den Klang von Röschens zarter Stimme zu ihm herübergetragen. Der Prinz war wie verzaubert – er musste herausfinden, woher dieser Gesang kam!

Eilig trieb er sein Pferd an – doch als Samson über einen Baumstumpf sprang, fiel der Prinz vom Pferd und landete in einem Bach.

„Keine Karotten zur Strafe!", schalt er, als er aus dem Wasser kletterte. Hut, Umhang und Stiefel legte er zum Trocknen aus. Doch die wunderschöne Stimme ging ihm einfach nicht aus dem Kopf. Sie war fast zu schön, um wahr zu sein.

„Vielleicht war es ein geheimnisvolles Wesen", sagte er, „ein Waldgeist oder ein …"

Seine Gedanken wurden unterbrochen, als er erstaunt sah, dass seine nassen Kleider sich fliegend und hoppelnd auf und davon machten. Röschens Freunde, die Waldtiere, hatten sich darangemacht, sie zu stehlen!

# PRINZESSINNEN-PFERDE-GESCHICHTEN

„O, der Prinz meiner Träume!", scherzte Röschen, als die Hasen und Vögel mit den Kleidern des Prinzen auftauchten. „Wissen Sie, ich darf nicht mit Fremden sprechen, aber wir kennen uns bereits." Und während der echte Prinz sie heimlich beobachtete, sang und tanzte Röschen mit ihren verkleideten Freunden.

# Wahre Liebe siegt

Als Röschen sich abwandte, kam der Prinz aus seinem Versteck hervor. Er stimmte in ihr Lied ein, und Röschen wirbelte erschrocken herum.

„O!", rief sie und rang nach Luft.

Ihre drei Tanten hatten sie stets gebeten, sich von Fremden fernzuhalten … doch dieser junge Mann kam ihr vertraut vor. Sie hatte das Gefühl, ihm schon einmal begegnet zu sein.

Bis spät in den Tag hinein sangen und tanzten Röschen und der Prinz miteinander, und Hals über Kopf hatten sie sich ineinander verliebt.

Als Röschen schließlich nach Hause zu ihrer Überraschungsparty zurückkehrte, berichtete sie ihren verwunderten Tanten von ihrem Erlebnis.

„Dies ist der glücklichste Tag meines Lebens", seufzte Röschen. Dann erzählte sie den Tanten von dem jungen Mann, den sie kennengelernt hatte, und dass sie ihn eingeladen hatte, am Abend zu ihrer Hütte zu kommen.

„Wie schrecklich!", jammerte Flora. „Du darfst diesen jungen Mann nie wiedersehen!" Sie erklärte Röschen, dass sie bereits einem Mann versprochen war – schon seit ihrer Geburt –, und zwar einem jungen Prinzen namens Philipp.

„Aber wie könnte ich einen Prinzen heiraten?", fragte Röschen. „Dazu müsste ich doch selbst …"

„… eine Prinzessin sein!", ergänzte Sonnenschein.

Und nun erzählten die Feen Röschen, wer ihre wahren Eltern waren und wie sie wirklich hieß. Flora, Fauna und Sonnenschein nahmen ihre Zauberstäbe und verwandelten sich wieder in Feen zurück. Sie hüllten die Prinzessin in einen Umhang und brachen sofort mit ihr zum Palast auf.

# Wahre Liebe siegt

Bei Sonnenuntergang kamen sie dort an. Die arme Prinzessin war so traurig darüber, dass sie den jungen Mann aus dem Wald nicht wiedersehen konnte, dass die Feen sie einen Moment zum Ausruhen allein ließen. Doch kaum waren sie fort, erschien ein grünes Rauchwölkchen, das Aurora den Turm hinauf in ein verborgenes Zimmer lockte.

Allmählich nahm der Rauch die Form einer Spindel an. Malefiz' Stimme erfüllte die Luft. „Berühre die Spindel!", befahl sie. Aurora stach sich in den Finger und fiel in einen tiefen Schlaf. Nur der Kuss der wahren Liebe konnte sie nun retten.

Doch Malefiz hatte den Prinzen in ihrem Verlies gefangen genommen. Die guten Feen fanden ihn und entdeckten, dass er Prinz Philipp war, der Prinz, dem Aurora versprochen war! Sie gaben ihm Waffen mit Zauberkraft, mit denen er gegen Malefiz kämpfte. Und obwohl sich die böse Fee in einen gefährlichen Drachen verwandelte, war der Prinz ihr mit seinem Mut, seinem magischen Schild und seinem Zauberschwert überlegen. Bald hatte er sie besiegt.

# PRINZESSINNEN-PFERDE-GESCHICHTEN

**Prinz Philipp galoppierte zum Palast und kniete neben der schlafenden Aurora nieder. Zärtlich gab er ihr einen Kuss auf die Lippen. Wie erleichtert war er, als sie ihre Augen öffnete und ihn anlächelte!**

## Wahre Liebe siegt

Schon bald fand ein prachtvolles Hochzeitsfest statt. Die wahre Liebe hatte alle Hindernisse überwunden!

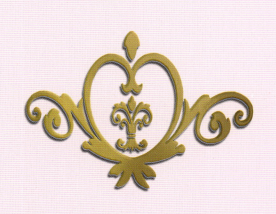

# Aladdin

## Die Prinzessin, die nicht heiraten wollte

# Prinzessinnen-Pferde-Geschichten

Prinzessin Jasmin scherzte mit ihrem Tiger Radsha am Springbrunnen im Hof ihres Palastes. Jasmin war von dem Prinzen, der kürzlich um ihre Hand angehalten hatte, gar nicht beeindruckt gewesen, und so hatte Radsha ihr geholfen, ihn zu vergraulen. Sie war froh, diesen eingebildeten Freier los zu sein – einen von vielen unwürdigen Prinzen, die in letzter Zeit um ihre Hand angehalten hatten.

Jasmins Vater, der Sultan von Agrabah, war alles andere als amüsiert. „Mein Liebes, du darfst nicht jeden jungen Mann verjagen, der dich heiraten möchte", belehrte er seine Tochter. „Du musst einen Prinzen heiraten. Steht im Gesetz. Bis zu deinem nächsten Geburtstag. Dein Geburtstag ist aber schon in drei Tagen!"

Jasmin fand das Gesetz ungerecht. „Vater, ich will nicht dazu gezwungen werden!", erwiderte sie. „Wenn ich mal heirate, dann nur aus Liebe."

Kürzlich hatte sie sich sogar gewünscht, keine Prinzessin zu sein. Noch niemals hatte sie den Palast verlassen dürfen. Sie fühlte sich wie eine Gefangene.

In jener Nacht beschloss die Prinzessin fortzulaufen. Sie verkleidete sich und kletterte die Palastmauer hoch. Radsha zupfte an ihrem Kleid – er wollte nicht, dass sie fortging.

Jasmin wusste, dass sie ihren Freund vermissen würde, aber sie wollte unbedingt wissen, wie die Welt dort draußen aussah.

„Es tut mir leid, Radsha, ich kann nicht hierbleiben und zulassen, dass andere für mich entscheiden", erklärte sie dem Tiger.

Radsha nickte und stützte Jasmins Fuß mit seinem Kopf, damit sie über die Mauer gelangen konnte.

# Die Prinzessin, die nicht heiraten wollte

Am nächsten Morgen fand Jasmin sich auf dem Markt wieder. Aufgeregt blickte sie sich um. So etwas hatte sie noch nie gesehen! Alles Mögliche gab es hier, von Töpfen und Ketten über Fisch bis hin zu Feigen. Auf einmal erblickte sie einen kleinen Jungen, der aussah, als wäre er sehr hungrig.

„O, du musst hungrig sein", sagte Jasmin. Der Junge sah sie erwartungsvoll an. Sie nahm einen Apfel vom nächsten Obststand und gab ihn dem Kind.

„Hoffentlich hast du vor, für diesen Apfel zu bezahlen", knurrte der Obsthändler.

„Bezahlen?", fragte Jasmin überrascht. Im Palast hatte sie niemals für irgendetwas bezahlen müssen.

„Niemand stiehlt ungestraft mein Obst!", bellte der Obstverkäufer und packte sie wütend am Arm.
Jasmin wusste nicht, was sie tun sollte.

Zum Glück eilte ihr ein junger Fremder zu Hilfe.

„O, ich danke Ihnen von Herzen, werter Herr!", sagte der junge Mann zu dem Obstverkäufer. „Ich bin so froh, dass Ihr sie gefunden habt. Ich habe sie schon überall gesucht!"

Jasmin war verwirrt. „Was machst du?", fragte sie den jungen Mann flüsternd. Sie bemerkte, dass er einen zahmen Affen bei sich hatte.

„Spiel einfach mit!", flüsterte er zurück.

„Du kennst dieses Mädchen?", fragte ihn der Verkäufer.

„Ja, leider. Das ist meine Schwester", erwiderte er. „Sie spinnt ein wenig. Sie glaubt, der Affe sei der Sultan."

Jasmin kniete nieder. „O, weiser Sultan", sagte sie zu dem Affen. „Wie kann ich Euch dienen?"

„Tragisch, nicht wahr?", sagte der junge Mann mit Blick auf Jasmin. „Nun komm, Schwesterlein! Der Onkel Doktor wartet schon auf dich."

Sie machten sich auf den Weg. Es sah aus, als könnten sie entkommen, bis der Affe sich zum Abschied verbeugte … und eine Menge gestohlener Äpfel unter seiner Weste hervorrollte!

„Kommt zurück, ihr kleinen Diebe!", schrie der Obsthändler. Das Trio rannte, so schnell es konnte, und gelangte schließlich sicher auf das Dach des Hauses, wo der junge Mann wohnte. Sie waren sicher … für den Moment.

### Prinzessinnen-Pferde-Geschichten

Jasmin blickte sich um. Das Heim des Fremden war einfach, aber wenigstens war es sein Eigen. Niemand befahl ihm, was er zu tun hatte. Jasmin konnte sich nicht vorstellen, so frei zu sein.

# Die Prinzessin, die nicht heiraten wollte

Zur selben Zeit sah der junge Mann sehnsüchtig zum Palast in der Ferne hinüber. „Wie wunderbar wäre es, dort zu leben", dachte er. So viel Geld zu haben, dass man sich um die nächste Mahlzeit keine Sorgen machen musste!

„Manchmal fühle ich mich wie in der Falle", sagten beide gleichzeitig.

Überrascht blickten sie einander an. Plötzlich hatte Jasmin das Gefühl, mit diesem hübschen Fremden viel gemeinsam zu haben. Da stürmten wütende Palastwachen auf das Dach. Jasmin blickte sich um – die Flucht war unmöglich!

„Vertraust du mir?", fragte der junge Mann und hielt ihr seine Hand hin. Sie blickte in seine sanften Augen und erwiderte: „Ja!"

„Dann spring!", rief er.

Jasmin ergriff seine Hand, und die beiden sprangen vom Dach. Sie landeten sicher in einem Getreidehaufen. Dann rasten sie über den Markt ... direkt in die Arme einer anderen Truppe von Palastwachen!

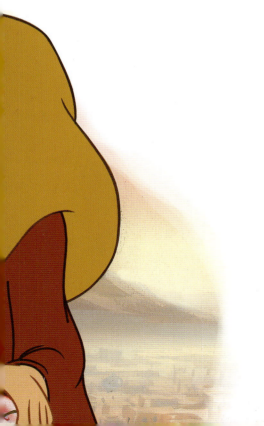

Ihr Anführer packte den jungen Mann. „Du kommst ins Gefängnis!", drohte er ihm.

„Lasst ihn los!", verlangte Jasmin. Sie zog ihre Kapuze zurück und gab sich zu erkennen. Die Wachen erschraken darüber, sie außerhalb der Palastmauern zu sehen. „Tut, was ich befohlen habe", ordnete sie an. „Lasst ihn frei."

„Ich würde es tun, Prinzessin, aber ich habe strikte Anweisung von Dschafar", antwortete der Wachmann. „Ihr müsst es mit ihm ausmachen."

Jasmin verschränkte ihre Arme. Ihre Augen wurden schmal. „Glaubt mir, das werde ich!", rief sie.

Zurück im Palast stellte Jasmin Dschafar zur Rede, einen Berater ihres Vaters. Der Bösewicht teilte ihr mit, dass der junge Mann bereits zum Tode verurteilt und hingerichtet worden sei.

„Es tut mir außerordentlich leid, Prinzessin", log Dschafar.

Jasmin starrte Dschafar an. „Wie konntet Ihr!", rief sie und rannte weinend hinaus. Sie ging zu Radsha, ihrem Tiger. „Es ist alles meine Schuld, Radsha", schluchzte sie. „Ich kenne noch nicht einmal seinen Namen."

# Die Prinzessin, die nicht heiraten wollte

Am nächsten Tag fand in Agrabah eine prachtvolle Parade statt. Männer mit Trommeln marschierten durch die Straßen, gefolgt von tanzenden Frauen mit bunten Tüchern. Alle Stadtbewohner unterbrachen ihre Arbeit, um die Parade zu verfolgen. Auch der Sultan im Palast hörte die Musik. Von seinem Balkon aus erblickte er das Spektakel und war begeistert.

„Dschafar!", rief er. „Kommen Sie und sehen Sie sich das an!"

Widerstrebend folgte Dschafar dem Sultan auf den Balkon.

Trompeten schallten, und Fahnen wehten, während die Parade sich dem Palast näherte. Am beeindruckendsten aber war Prinz Ali, der auf dem Rücken eines riesigen Elefanten saß und Goldmünzen in die Menge warf. Er wirkte attraktiv, königlich – und äußerst selbstgefällig.

Prinzessin Jasmin, die noch vom Tod ihres neuen Freundes erschüttert war, beobachtete abgestoßen den Auftritt des neuesten Freiers. Glaubte er, sie auf diese Weise kaufen zu können?

# Prinzessinnen-Pferde-Geschichten

Der Sultan hieß Ali jedoch in seinem Palast willkommen.

„Euer Majestät, ich komme von weit her, um Euch um die Hand Eurer Tochter zu bitten", sagte Prinz Ali, als er auf einem fliegenden Teppich hereingeschwebt kam.

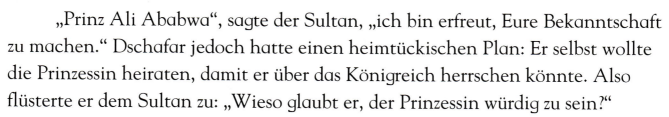

„Prinz Ali Ababwa", sagte der Sultan, „ich bin erfreut, Eure Bekanntschaft zu machen." Dschafar jedoch hatte einen heimtückischen Plan: Er selbst wollte die Prinzessin heiraten, damit er über das Königreich herrschen könnte. Also flüsterte er dem Sultan zu: „Wieso glaubt er, der Prinzessin würdig zu sein?"

Selbstbewusst behauptete Prinz Ali: „Lasst Eure Tochter mich nur sehen. Ich bin sicher, dass ich ihr Herz gewinnen werde."

Da rief Jasmin erbost: „Wie könnt ihr es wagen – ihr alle – über meine Zukunft zu entscheiden! Ich bin doch kein Preis, den man gewinnen kann!" Zornig stürmte sie davon.

# Die Prinzessin, die nicht heiraten wollte

Doch Prinz Ali gab nicht auf. An jenem Abend erschien er an Jasmins Balkon und entschuldigte sich. Radsha knurrte und wollte ihn schon verjagen, doch auf einmal erschien Ali Jasmin irgendwie vertraut. Dann lud Ali sie zu einem Spazierflug auf seinem fliegenden Teppich ein.

„Wir lassen den Palast hinter uns … sehen die Welt", sagte Prinz Ali.

Jasmin zögerte. „Ist es auch nicht gefährlich?", fragte sie mit einem Blick auf den Teppich.

Prinz Ali beugte sich vor und reichte ihr seine Hand. „Vertraust du mir?", fragte er. Jasmin dachte auf einmal, dass er der junge Mann vom Markt sein könnte!

Vielleicht war er doch nicht tot! Sie gab ihm ihre Hand und kletterte auf den fliegenden Teppich.

# Prinzessinnen-Pferde-Geschichten

Hand in Hand flogen Jasmin und Prinz Ali über die Straßen und Dächer von Agrabah hinweg. Nie zuvor war Jasmin so glücklich gewesen.

Jasmin brachte den jungen Mann dazu, ihr zu gestehen, dass er tatsächlich derselbe war, den sie auf dem Markt kennengelernt hatte. Aber er erzählte ihr nicht die ganze Wahrheit, denn er fürchtete, sie würde ihn nicht mehr mögen, wenn sie alles wüsste. Sein wahrer Name war Aladdin. Nachdem ihm die Flucht aus dem Gefängnis gelungen war, hatte er eine Wunderlampe gefunden, in der ein Dschinni, ein Geist, hauste. Dieser hatte ihm drei Wünsche gewährt.

Aladdin, der sich in Jasmin verliebt hatte, wünschte sich als Erstes, ein Prinz zu sein, damit er Jasmin heiraten könnte.

„Manchmal verkleide ich mich als normaler Mensch, um der Enge des Palastlebens zu entkommen", log er. „Doch in Wahrheit bin ich ein Prinz."

„Warum hast du mir das nicht gleich erzählt?", fragte Jasmin.

„Na ja, hm, weißt du, ein Prinz, der manchmal verkleidet durch die Stadt geht … hört sich etwas merkwürdig an, findest du nicht?", fragte er.

Jasmin senkte den Blick. „Nicht unbedingt", sagte sie leise.

# Prinzessinnen-Pferde-Geschichten

Bald nachdem sie von ihrem romantischen Ritt auf dem fliegenden Teppich zurückgekehrt waren, entdeckte Dschafar, wer Prinz Ali wirklich war. Dschafar versuchte, die Macht an sich zu reißen, doch Aladdin und Jasmin bekämpften und besiegten ihn. Zusammen gelang es ihnen, das Königreich zu retten.

Nach dem Kampf nahm Aladdin Jasmins Hand in seine. „Bitte verzeih mir, dass ich dich angelogen und behauptet habe, ich sei ein Prinz", bat er kleinlaut.

Jasmin nahm seine Hände. Sie hatte sich nicht in ihn verliebt, weil sie ihn für einen Prinzen gehalten hatte. Sie liebte ihn wegen seiner inneren Werte. Endlich hatte sie einen Mann gefunden, den sie heiraten wollte, und ihr Vater war nur zu glücklich, das Gesetz zu ändern, sodass die Heirat möglich wurde.

Aladdin und Jasmin kletterten auf den fliegenden Teppich und küssten sich. Unter ihnen erstreckte sich eine neue Welt, in der sie den Rest ihres Lebens in Glück und Frieden miteinander verbringen wollten.